연못 하나를 팠다

연못 하나를 팠다

2025년 12월 22일 처음 펴냄

지은이 | 임덕연
편집 | 설원민, 공현
출판자문위원 | 이상대, 박진환
제작 | 세종PNP

펴낸이 | 김기언
펴낸곳 | 교육공동체 벗
이사장 | 오정오
사무국 | 최승훈, 설원민, 공현
출판등록 | 제2011-000022호(2011년 1월 14일)
주소 | (03971) 서울 마포구 월드컵북로7길 76-12 102호
전화 | 02-332-0712
전송 | 0505-115-0712
홈페이지 | communebut@com

ISBN 979-89-6880-221-8 (03810)

연못 하나를 팠다

임덕연 시집

교육공동체벗

부부 인연으로 서른여섯 해 같이 살아온,
회갑 맞는 아내에게 이 시집을 드립니다.

시인의 말

밭에서 골라낸 돌로 연못을 만들었다.
연못에 연은 없고
시만 돌 틈 사이에 끼어있다.
어찌 된 일인지
못의 물이 자꾸 빠진다.
황토와 돌들로
물샐틈없이 막았는데
물 빠지듯
시도 술술 빠져나간다.

2025년 12월

차례

1부

봄, 마실 한번 와라

2부

여름, 습기가 너무 많다

3부

가을, 헤어지기로 했다

4부

겨울, 고립되어도 좋겠다

5부

다시 봄, 눈물 떨어진다

해설

1부

봄, 마실 한번 와라

봄비 갠 후

봄비 바람에
벚꽃이
지다.

'지는 것이 이기는 거다.' 라고
누가 말했나.

지는 것은 그냥
말없이
힘없이
지는 거다.

맨날 지는 사람이 하는 소리다.

이제 그대를
그리워하지도 말자 다짐하니
더 그립다.

이제 그대를 잊기로 하니
더 잊기 어렵다.

어디선가 봄비가 그쳐올 거다.
그리움도 지는 날이 올까?

봄이다

흙을 비집고 나온
여린 싹이 보이면
봄이다.

앞산
생강나무 노란 꽃
서너 점점 보이면
봄이다.

무당벌레
방바닥에 몇 마리
스멀스멀 보이면
봄이다.

버드나무 가지가지
연초록빛이
아스라이 보이면
봄이다.

그대가 갑자기
무척
보고 싶어지면
봄이다.

산밭

돌을 고구마보다 더 많이 캐내야 하는 산밭에는
올해 참깨 심고 들깨 심었다.

'와 올해는 고구마 안 심었노.
꿀고구마 그거 맛있던데'

멧돼지가 헛입맛 다시는 산밭이다.

밭두렁에 콩 조금 심어 거두면
메주 만들어 장 담가 먹으려고 했더니,
내 아침상, 내 저녁상이라며
겅중겅중 고라니가 뛰는 산밭이다.

산비둘기는 콩 익기를 기다리다
쭉정이 몇 개 쪼아보고
뒤도 돌아보지 않고 날아가는 산밭이다.

내 또 오나 봐라.

내년이면 이 산밭
게으른 농부 또 농사 짓는다고
호미자루 집어 들고 나설 것 생각하니
땃쥐 서너 마리 푸하하 웃는다.

여지껏 지가 밭주인인 줄 알아!

풀 우거진 산밭 가
어쩌다 달린 염소 부랄만한 호박이
오들오들 떠는 가을 산밭이다.

몇 년 못 가 묵은밭 될까 싶다.

수선화

수선화가 핀
봄 아침이다.

나도 안간힘 쓰며 피워 올릴
꽃 같은 희망이 있을 것 같아
물끄러미 수선화를 바라보다
나도 이쯤 살았다면 뭔가 펼쳐 보이고 싶었다.

냉혹한 시절
흙 속에 잔뜩 웅크리고 있다가
세상이 좀 따뜻할 즈음
세상을 향해 꽃대를 꼿꼿하게 밀어 올리고 싶었다.

바람이
수선화 잎을 자꾸 문질러댔다.

바람이
내 몸을 자꾸 문질러댄다.

시골집

그 집 사는 사람이 좋으면
강아지도 들어와 살고

그 집 사람이 순하면
새들도 새 친구까지 데려와서
산다는데

이십 년 된 시골 우리 집
사람은 찾아오지 않는다

들어온 강아지가 강아지를 낳아 기르고
산새 들새 모두 날아와
아침저녁으로 합창을 해대는데

뭐 그 집 사람도 어느새
강아지처럼 어슬렁어슬렁 마을 길을 걷고
이집 저집 삐죽삐죽 찾아 들어가 말참견하고
가끔씩 노래를 흥얼거린다는데

한 귀퉁이 조금씩 무너져내리는
시골집 창고에
벌써 서너 배 새끼를 치고 나가는
저 누렁 고양이

저녁은 먹은 겨?

어디서나 출렁이는 바다

팽목항에 다녀왔습니다.
찬 바닷바람 부는 대로
노란 리본은 날리고

무슨 말을 해야 할지
무슨 말부터 해야 할지
땅이 끝난 그곳에서
자꾸 뭍으로 오르려는 물만 만지다 왔습니다.

아이들은 아직도
구명조끼를 입고
핸드폰을 만지작거리고

기다리고 기다리고 있는데
기다리고 기다리고 기다리고 있는데

나는 이제 다 되었다
하늘에 올라가 별이 되자 라는 말도 못하고
수천 개의 바람이 되자 라는 말도 못하고

무슨 이유가 있는 것처럼
무슨 위로가 되는 것처럼
젖은 개흙만 바다 쪽으로 밀어 넣고 왔습니다.

위로 받지도 못하고 위로 하지도 못하는
꼬인 실타래만 잡고
어찌하나, 어찌하나
무슨 주문을 외우는 것처럼 중얼거리다 왔습니다.

팽목항에 다녀왔습니다.
수천리를 돌아 집에 왔는데
아직도 바닷물이 출렁입니다.

밥상 위에도
까르륵 대는 아이들 교실 뒤에도
담배를 피워 물어도
자꾸 바닷물이 출렁입니다.
언제 어디서나 출렁댑니다.

우수

우수 절기
비가 오면 풍년 든다는데

우수 비로 목련꽃 속살은
더 간질간질했을 것이다.

수선화는 정수리를 활짝 열고
꽃대를 힘껏 밀어 봤을 것이다.

곧 초등학교 입학할 아이들은
혀로 몇 번
흔들거리는 앞니를 밀어봤을 것이다.

우수날
질금거리는 비를 피해
처마 밑에
쭈그리고 앉아 물끄러미
먼 산을 쳐다보는 것은
또 그대가 그리워지기 때문이다.

또 봄이 오려나 보다.
그대는 안 오고
봄만 자꾸 오나 보다.

우수 즈음

우수 즈음
무심코 올려다본
하늘

까치가
나뭇가지 하나 물고 간다.

집 지어
자식 낳고
알콩달콩 살려나 보다.

까치야
나도 여주 이포에
작은 농가 짓고 산다.

마실 한번 와라.

지금쯤

지금쯤
여주 황학산 거기 가면
복수초가 환하게 피어있을 것이다.

지금쯤
여주 북내 거기 가면
미선나무 흰쌀밥 꽃이 피어있을 것이다.

지금쯤
여주 산북 호실령 고갯마루쯤
생강나무 노란 꽃이 피었을 것이다.

지금쯤
여주 강천 마감산 거기 가면
앵초가 앵돌아지게 피었을 것이다.

지금쯤 지금쯤
금사 수리실 그녀 호미 들고 빈 밭에
냉이 찾아 두리번거릴 것이다.

지금쯤 거기 가면
그녀를 볼 수 있을 것이다.

첫 완두

한 아이가 읽으면
모두 합창하듯 따라 읽던
옛날 국민학교 교실
완두콩 다섯 알 이야기

특별한 날 특별하게 먹던
구 군포사거리 술집 골목안
'진짜루' 간판 덜렁거리는 중국집
짜장면 위 완두콩 서너 알

경칩 지난 봄
밭 만들어 심는 첫 작물
완두콩 한 두럭

오늘 저녁 완두
꼬투리째 삶아
한 소쿠리 다 까먹었다.

달다 달어

첫 완두

2부

여름, 습기가 너무 많다

백합

몇백 번 합을 맞춰야 피는 꽃

얼마나 그리워해야 꽃으로 피어날까
얼마나 합을 맞춰야 인연이 될까
이생에 못 맞춘 합
다음 생에서라도 맞춰질까

이름 획순으로 합을 맞춰보던 그대
혈액형으로 합을 맞춰보던 그대
별자리로, 열두 띠로 합을 맞춰보던 그대
사주 궁합으로 합을 맞춰보던 그대

오늘도 깊은 마음속 그리움을 불러내어
합을 맞추고 맞춰보는
그대, 백합

상사화

너를 보고 있노라면
문득 봄 혀처럼 내밀며 올라오는
잎들을 생각하려 애쓴다

참으로 특이한 삶이다.
봄에 새순을 내어 살다가 스러지고
흔적도 없이 사라졌다가
몇 달 지나서 지나서
꽃대를 길죽하게 올려
꽃 피워내는

한 몸이라도 꽃과 잎이
서로 못 보고 사는
기막힌 삶을 어찌하겠다는 걸까

뿌리를 파 보니
자식같은 구근이 올망졸망하다
어둔 땅속에서 깊게 깊게
사랑은 하고 있었나 보다

비 오는 아침

눈물 툭
두툼한 식빵 위에 떨어진다.

습관처럼 창밖을 바라보지만
풍경은 더 나아지지 않고
숨관에 습기만 가득 찼다.

넘어갈듯
숨넘어갈 듯 이어지는
바흐 첼로 모음곡 2번 D단조 - 사라방드
빗방울을 연주하고 내 울음을 노래한다.

이제는 다짐 같은 것은 하지 않을 거라 마음먹지만
그렇다고 맘이 더 편해지지는 않는다.

커피가 있었으면 좋겠지만
나 외에 없는 공간에 커피 향을 흩뿌리기에는
습기가 너무 많다.

안녕이라고 말해도
빗소리의 약한 소음 속에 묻혀버릴 듯하다.

식빵은 식으면 딱딱해진다.
그대를 향한 그리움도 딱딱해질까 안타깝다.

비는 계속 내리고
습기는 우울처럼 가슴에 쌓인다

난방 스위치를 더듬거려 찾아보지만
익숙할수록 잊기 쉬운 간헐적 건망증으로
이제 더듬거림도 익숙하다.

어디선가 따뜻한 온수가 흘러들어 올까?
또 어디선가 환한 날이 올까?

비 오는 아침
창밖을 물끄러미 바라보다
툭 흘린
두툼한 눈물

사랑은

꽃다지와 냉이꽃을 구별할 줄 몰라도
억새와 갈대를 구분할 줄 몰라도

여귀와 고마리를
별꽃과 봄맞이를
생강나무와 산수유를
척 보고 분간 못 해도

박새와 뱁새와 참새가
다 고만고만한 새로만 보여도
왜가리와 백로와 해오라기가
그저 그런 새들로만 보여도

청둥오리와 흰뺨검둥오리 무리 속에 원앙을 보고
"재는 왜 더 이뻐"라고 말해도

미나리아재비 보고 마타리라 하고
마타리 보고 미나리아재비라 해도
부끄러워하지 말자

사랑은
바라만 봐도 좋은 거다
이름은 몰라도
가만히 얼굴 가까이 대고
은은한 그 향기만 맡아도 좋은 거다

그대가
세상 어느 곳에 곱게 살고 있다면 좋은 거다.

연못

잔디밭 한쪽에 연못이 하나 있으면 제격이지
연못에는 연꽃이 있어야 제멋이지

맑은 물 받아 놓고
연꽃을 보면서
이순 환갑을 견뎌보자

외로운 나이 예순

외로울 시간도 없는 쓸쓸한 나이
그동안 안 보이던 그대도 이제 보인다.
하늘의 뜻도 들린다는 지천명은 뭐
고집이 줄고 귀가 순해지는
이순은 개뿔

더 외로워지라고
더 쓸쓸해지라고

연못 하나를 팠다.

인연

잠시 앉았다가는 어치와
벚나무가지도

열매 맺지 못하고 훅, 하고 떨어진 동백꽃과
그 옆 같이 누운 빛바랜 나뭇잎도

인연이라면 인연이다

어느 골짜기 물을 먹고
어느 들판 바람을 마시면서
그런대로 길고 짧은 일상을 살다가
줄 잘 맞춰 누운 공동묘지 수많은 혼령들은
또 무슨 인연이었을까

꼭 배고픔만은 아니었는데
습관처럼 꽉 물어버린 것이 낚싯줄 끝 미끼라면
슬픈 인연인가
누군가는 오늘은 왠지 재수가 좋아
환호성 치는 인연인가

서로가 서로의 기억 흔적조차 없이
친구의 친구에 친구라 한 전자 매체의 글과
좋아요를 클릭한 마음은
몇억 년 업을 쌓은 인연이었을까

그리 바쁠 것 없이 거닐다가
문득 허름한 중국집에 들어가 습관처럼 주문한
짜장면 앞에서 집어 든 나무젓가락과
나는 어떤 질긴 인연이었을까

우연을 가장한 운명이었을까

그런데 그대와 나는

참깨를 심으며

나도 한때 꼬신 날들이 있었다.

이제는 짜도 짜도
기름 한 방울 나오지 않는다.

늙은 세월로
새벽이 허한 맘을 달래며
산밑 밭에
참깨를 심는다.

더 고소해지고 싶어
참깨를 심는다.

기다리고 기다리다 보면
우수수 참깨 쏟아질 때가
있을거다.

열려라 참깨
열려라 참깨

담석

아픈 상처 안으로
곱씹고 곱씹어
조개는 진주를 만든다는데

사람에게는 진주라지만
조개는 그저 몸속의 돌

우리 엄니 몸속 돌은
어느 누구에게
영롱한 진주일까

밤새 끙끙 앓으시며
진주를 키우네

돌

온전히 다 품고 있던,
반쯤 드러내 놓고 있던,
이리저리 채이고 뒹굴던,
돌은 흙의 어머니다.

저 지층 속에서 단단한 편견으로 빛나던 때
너는 뜨거운 입김을 뿜는 잘 달구어진 쇳물이라서
사춘기 아이처럼
자꾸 중력을 거슬러 솟구치곤 했다.

굳은 어깨를 맞대고 담을 쌓던,
물고기 비늘처럼 마당 가득 바닥에 깔리던,
네 낮은 날숨들이 온기를 품기에는 늘 아쉬움이 많았다.

너에 대한 그리움은
여주 파사산 정상 언저리 돌들로 늘어서고
돌아서서 흐르는 긴 물줄기에 눈길을 빼앗긴
물새들인지도 모른다.

지하에서 지상으로 돌출한 돌은
항상 날아오를 날을 꿈꾼다.
수만 킬로미터 창공에 솟아올라
다시 수억 킬로미터 대양을 향해 질주하리라.

네가 등뼈를 곧게 펴고 시옷 자 편대로 날면
나는 작은 산발이 되거나 하천 옆 고운 퇴적층이 되어
신굿하는 무당처럼 겅중겅중 뛰어보리라.

어머니는 동네 노인정 친구들과 어디 세라믹 침대인가 돌침대인가 홍보하는 곳에 가서 마법 돌 하나를 선물받아 오셨다. 한 번 갈 때마다 스티커 한 장씩 받고 스티커를 열 장 모으면 하나씩 주는 주먹돌이다.

에이, 뭔 돌이 마법을 부려. 돌이 다 그렇지.

내가 이걸 받으려고 얼마나 열심히 거기 가서 박수 치고, 노래도 따라 부르고, 퀴즈도 풀고 그랬는데, 불경스럽게 짱돌 취급하냐! 물에 넣으면 몸에 좋은 육각수가 되고, 밥 지을 때 넣으면 밥맛이 기가 막히게 되는데, 어딜 하천가 막돌 취급해!

내가 부정할수록
더욱 단단해지는 돌의 믿음을 본다.
이제 저 거무튀튀한 색이
오히려 신령한 힘이 느껴지는 슬픔을 참고
물 한 잔 꿀꺽 마시리라

지층 밑 심층 지하수 아래 멀고 먼 여행지에
네가 붉은 쇳물이었을 때,
더 참지 못하고 분노처럼
가장 연한 곳을 뚫고 솟구쳤을 때를
기억하며 내 앞에서 단단하게 입 다물고 있다.

그러나 지금은 하나의 작은 돌
골라내도 끝없는 산밭 돌
너의 척추 몇 마디 뼈, 엄지발가락 뼈 같은 작은 돌
가슴에 고이 품은 흙을 헤집고 집어 들어본다.

반딧불이 나는 저녁

띄엄띄엄 있는 집들 사이로 난 길은
가로등마저 없어 길이 희미하다.

시골길 산책이라고 보기 좋게 말하지만,
어슬렁어슬렁 걷는 게 전부다.

새로운 것도 없고,
새로울 것도 없이

자꾸 노을에게 의미를 두고
며칠 동안 핀 꽃들에게도 마음을 두지만
그저 그러지 않으면 그것마저 시큰둥해질까 봐

오늘은 반딧불이가 난다.
한둘 보이다가
서넛 보이다가
한 무리로 보이다가

나도 한때는 무리 속에 있었다.

대서 즈음

해먹을 달았다.

해먹이 있다는 거

해먹 달 나무가 있다는 거

해먹과 나무를 연결할 로프가 있다는 거

해먹이 살짝 흔들릴 바람이 있다는 거

해먹에서 읽을, 읽고 싶은 책이 있다는 거

해먹에서 먹을 햇옥수수가 있다는 거

무엇보다 해먹에 올라 누워 있을 여유가 있다는 거

해먹에 누워 스스륵 눈 살짝 감을 수 있다는 거

살짝 잠들 수 있다는 거

살짝 깨 하늘을 볼 수 있다는 거

3부

가을, 헤어지기로 했다

고라니

홀로 뛰어다니다
잠시 걷는 습성으로도
삶은 야윌 대로 야위었다.

저장할 줄 모르는 습성으로
생활은 가난할 대로 가난하다.

화려한 뿔이 없어
살아남았으리라
고운 털이 아니라서
덫을 피했으리라
새하얀 상아가 없어
뾰족한 화살을 피했으리라.

고라니,
나도 너 같아서
여주 이포 거지허탕골*에서
쓸쓸한 생활을 자꾸 뒤돌아보며 살고 있다.

---

* 경기도 여주시 금사면 외평리 속명.

더 나아질 것 없는 삶에
게으른 습성만 덕지덕지 붙이고
그래도 순한 초식성으로 살아가고 있다.
고라니 같이,

고욤나무

감나무인지 고욤나무인지
내 어찌 아나
감나무라 해서 한 그루 사 와
뜰에 심었지

달달한 홍시를 기다리고
아삭한 단감을 기다리다

석삼년 기다리다 열린
작고 까만
감

고욤이네

고얀 놈 이란 욕이 절로 나오려는데
떫은 것이 목에 걸려
고얌 고우얌

아, 뜳어!

들깨

비가 오락가락하는 날
들깨 심기 딱 좋지

두세 가닥 모 갈라
대충 심어도 잘 살아
뿌리 없이 심어도 거의 살아

전날 먹은 술이 들 깨
새벽 일찍 잠이 덜 깨

대충 던져 놓아도
사는 놈은 그냥 살아

깻잎 먹고 기름 짜 먹고
곱게 갈아
들깨수제비 해 먹을까

이크, 비 쏟아진다
들깨고 뭐고 잠시 쉬었다 해

때

농사는 때란다.

이르게 움직일 때는 서둘러야 하고
때로는 진득하니 늦춰야 할 때도 있다.

감자는 늦게 심으면
감자알이 부실하고

메밀을 서두르면 대만 길쭉하고
알갱이가 시원찮다.

산마늘 모종은 장마 때 심어야 하고
파는 장마 때 녹아내린다.

사는 것도 농사 같다.

떠날 사람 너무 일찍 떠나보내지 말고
머무를 사람 진득하니 기다리며
노을이 다 지도록 바라볼 줄 알아야 한다.

사랑도 다 때가 있다.
애쓰지 마라

모과

과일 중에
제일 어머니 과일은
모과다

낙원에서
뱀이 사람을 꼬드겨
먹게 하고 부끄럼을 알게 한 과일이
모과다

어느 가을 먹지도 못할 모과를 따다가
도시공원관리과 직원에게 걸려 혼난 일은
견디기 어려운 원죄의 그리움이었을까

모과의 향기는 고대사원의 침향처럼
가을에 가득한데
뜻 모를 주문을 외는 풀벌레는
시골장터 각설이처럼 처량하다

우리는 모과를 모든 과일의

어머니로 다시 추앙할 수 있을까
모과는 원죄가 풀려
부드러운 사과가 될 수 있을까
우리는 다시 벗은 부끄럼 모르고
사랑할 수 있을까
조상님 차례상에 빠지지 않고
모과를 진설할 수 있을까

오늘도 모과는 중력을 이기지 못하고
지상으로 떨어진다.
허공의 과일은 항상
여우의 신포도다.
그저 그 향기만 사랑해야 한다.

모과는
오랫동안 잃어버린 미각에
손짓하는
달디단 과일이었다

모과는 모든 과일의 어머니다

수리실

시골 작은 분교로 부임해 와
터 잡고 산 수리실은
속명이 거지허탕골이다.
골 끝에는 제법 잘생긴 미륵불이 있는 절이 있어
키 큰 스님이 경을 참 맑게 읊었다.

곧 손뼉이라도 칠 듯이
가깝게 붙은 양쪽 산 사이
시냇물이 졸졸 흘러내리고
집들은 점점이 산 가장자리에 붙어있다.
몇몇 집은 뱀처럼 긴 연기를 피워 올리기도 하고,
몇몇 집은 연못 속에 황금빛 잉어를 키우기도 한다.

일정 때는 물레방아를 돌려 전깃불이 밝았다는
금사천 끝에는 시커멓게 입을 벌린 굴이 있어
더러는 들어가 보기도 했다지만
난 오금이 저려 몇 발자국 못 가 되돌아 나오고 말았다.

하루 종일 사금 채취로 팔뚝에 힘이 오른 사내들이
막걸리 잔을 기울였을 주막거리는
늘 북적이고
지나가는 개도 지전을 물고 다녔다고 한다.

난 가끔 부족한 운동을 하려고 이포나루까지 걷곤했다.

우리 집은 수리실 마을에서도 한가운데 있어
골바람 강바람이 아침저녁으로 불어대
양지쪽 좀 높게 올라선 산 가장자리 집이 늘 부러웠다.

집 짓는 곳 막품팔이로 따라다니다가
집 한 채는 뚝딱 지을 만큼 실력이 되고,
인근에 집도 몇 채 지은 아버지는
아들 살 집을 보기 좋게 지어주고
붉은 팥 시루떡에, 막걸리 잔 가득 부어
고사까지 지내주었다.

봄철 개구리 소리 요란하고,
고라니가 앞마당까지 뛰어다니고,
반딧불이가 날고,
소쩍새가 밤새 우는 날
밤하늘 가득 별들이 뜨는 수리실에서
나는 가끔 혼자 촛불을 켜기도 한다.

낙엽

낙엽에 대한 예의는
바삭바삭 밟아주는 것,
비질할 틈도 없이 긁어모아
태워주는 것,
흩어진 연기에 눈물 질금거려 주는 것,

난
어스름해지는 숲속으로 걸어가
그대를 불러보리라
끝난 것이 끝난 것 아니라고
더더욱 쉽게 잊지는 않겠노라고

책갈피에 끼워 너를 잠재우던 유년의 나르시시즘조차
툭, 툭툭, 털어 버리고
습기의 기억이 있는지
잎맥을 더듬어 보리라.

잎은 나무의 입이다.
더 떨굴 잎이 없는 나무는,

입이 없는 나무는
숨을 오래 참는 법을 잘 알고 있다.

난 가끔 숲에 들어가
그들이 오래 참다 내쉰 숨을 받아 마시는데
쓰디쓴 맛이다.

어두워지기 전에 낙엽은 노래를 한다.
깜깜한 어둠이 배경이 되기 전에
숲 생명들이 새벽을 기다리며 동굴을 찾아들기 전에
등 뒤 어둠에 쫓겨 급히 숲속을 빠져나가려는 조급함이
두 발을 묶어 두기 전에
나는 내 청력을 다해 그 가는 떨림이 내는
낙엽의 노래를 들어야 한다.

아무 옷도 입지 않은 벌거숭이 임금님의 그 화려한 옷의 비밀을 아는 아이처럼 낙엽 진 숲속에서 나는 내 입에서 내뱉은 수북한 잎들의 부끄러운 사랑을 바스락거리고 싶다.

할 수만 있다면 해야만 한다면 가느다란 연기 한 줄기

허공에 피워 올려 옛 유대인처럼 번제를 드리고 싶다.

낙엽 지는 날들의 저녁은 늘 짧다.
헤어지는 추억을 만들기에는 그래서 좋다.
내 사랑의 애잔한 이야기도 서너 언덕을 만들었다.

어디선가 나를 원망하다 지쳐
이제는 원망조차 하지 않는,
절망조차 할 수 없는
내가 오르내리던 언덕은
더 이상 내 사랑이 아니다.

낙엽에 대한 예의는
조금 습기 머금은 채
조금 둔하게 바스락거리게
소리 내어 밟아주는 일이다.

혹은 어쩌다, 어쩔 수 없이 헤어진
옛사랑에 대한 예의도 그러하다.

다음 해는 뭘 심을까?

콩을 심었다.
검은콩을 심었다.
서리 올 때 심고
서리 올 때 거둔다는
서리태를 심었다.

콩잎 참 좋을 때
고라니가 와서 싹 먹어 치웠다.

고구마를 심었다.
꿀 고구마를 심었다.
거름 조금 해도 좋고,
봄에 심으면 가을까지
거의 손 안 가는
참 편한 고구마 농사다.

알도 차기 전에
땅속 생기다 만 고구마까지
멧돼지가 싹 먹어 치웠다.

땅콩을 심었다.
쪄 먹어도 좋고
볶아 먹어도 좋은
고소한 땅콩을 심었다.

땅콩 알이 생기기도 전에
생기다 만 뿌리혹까지
까치가 싹 다 먹어 치웠다.

"내 입속에도 좀 들어오게 좀 해 봐요."
겨울 저녁 내내
아내는 새우깡을 먹으며 〈나는 자연인이다〉*를 본다.

* MBN의 인기 교양 프로그램.

수타사에서

맑은 가을날 수타사에 갔어요.

불이문도 없이
불쑥 들어간 봉황문에
사천왕이 깨끗하게 새 옷도 갈아입고,
큰 발밑 악귀도 새 고통을 넣어주고 있네요.

수타사 가을빛 저마다 꽃으로 내려앉는데,

잣나무 숲 향이 너무 좋다고,
맑은 물이 진짜 좋다고
청아한 하늘빛이 엄청 좋다고는 했는데,

당신이 제일 좋다라고
마음속 말은 못 했네요.

난
난 당신이 제일 좋아요.

재두루미 여인

여주 매류리로 재두루미 보러 갔어요.
갓 베어 털어 말린 벼 한 포대 메고요.
따뜻한 남쪽 찾아 날아온 재두루미에게 주려고요.

빈 논 둑방 사잇길로 산책하는 사람에게
재두루미를 보신 적 있냐고 묻다가
얼른 말을 거뒀어요.

멀리 캄보디아나
미얀마에서 온 듯한
이목구비였거든요.

재두루미는 보이지 않고
볍씨만
듬뿍듬뿍 논에 뿌려주고 왔지요.

재두루미에게 정성 들이듯
사람에게도 따뜻했으면
사람에게도 듬뿍 정을 줬으면 좋으련만

헤어질 결심

- 낙엽

헤어지기로 했다.
떠나기로 했다.
나는 너의 입이었으나
이제 네가 제일 좋아하는 햇볕을 넣어줄 수 없는 잎,
떠나는 것은 자연스런 일이다.

헤어지기로 했다.
떠나보내기로 했다.
비바람 칠 때 같이 흔들려주고
깊은 땅속 시원한 물 길어 너의 입술을 적셔주었으나,
이제 떠나보내는 것은 운명같은 일이다.

짓밟히고 뭉개지고
잘게 잘게 부셔져
네 발목에 더 머물고 싶은 욕망보다
더 참기 힘든 일은
바람이 소곤거리는 가벼운 유혹이었다.

떠나갈 때 본 모습을 드러내는 일은 흔한 일이다.
잎의 본색을 보고 당황스럽기도 하겠지만,
떠날 때 아름다운 것이 진짜 아름다운 일이다.
헤어질 때 서로 저주를 퍼붓는 사람들은
상상 못하는 일이다.

몇 번을 다짐했지만 내 사랑도 그러하다.
헤어질 때 더욱 아름다운 그대 때문에
잠 못 든 날이 많았다.
그 후 겨울은 참기 힘들 정도로 추웠다.
내 사랑도 그러하다.

너와 나는 한 몸이었다.
누구 하나 없으면 서로 못 사는 운명이었다.
더욱 아름다운 모습으로 헤어질 수 있는 것이 사랑이다.
그래서 잎들은 네 발목에서 밤새 소근거린다.
나도 나무에 잠시 당황스럽긴 하다.

회복기

낯설다.
둘러보면 볼수록 더 낯설다.
마치 누군가 방문한다는 전갈을 받고
급히 정돈한 듯한 세상이다.

만지는 것마다 금으로 변하는 미다스의 손처럼
무엇인가 만지기 조심스러워 물끄러미 건너다본다.

모든 것이 처음 보는 듯한 착각은
방금 지나간 일도 바로바로 기억이 지워진 까닭이다.
새롭다란 느낌은 신선하다기보다는
물 빠진 수몰지역을 돌아보는 풍경이다.

조금 멍청해진 듯하면서 처음 걷는 걸음인 듯 휘청거린다.
남들 보기에는 좀 경쾌하게 걷는다고 보아질 듯하기도 하다.

동굴을 빠져나왔는데 또 동굴 속으로 들어가는 듯,
자꾸 누군가가 잠 속으로 나를 차 넣는다.

잠자기 전 풍경은
어슴푸레졌거나 어두워졌거나 없어졌다.

오랫동안 찾던 열쇠를 찾았는데 찾고 나니
그 열쇠로 어느 자물통을 열 것인지 잊었다.
세상이 좀 무뎌지거나 물러지거나 무난해진 듯한데
혹은 세상은 그대로인데
내가 무뎌지거나 물러지거나 무난해진 것은 아닌지
의문이 든다.

신내린 여인이 대번 알아보고
그 딸랑거리는 요령을 마구 흔들어 댈 듯하다.
잠이 자꾸 이어지면 이어질수록
꿈도 연속극처럼 신기하게 이어진다.

마약성분 같은 것이 있다고 하는
감기약 때문인 듯하기도 하다.
꽉 찬 여행용 가방같은 내일이
또 기다리고 있다

4부

겨울, 고립되어도 좋겠다

첫눈 온다고

내가 눈 온다고
눈길을 걸어 오솔길 따라 산밑까지
걸어갔다 올까 보냐

눈길 걷는 내내
그대를 생각할까 보냐

내가 눈 온다고
자꾸 문밖을 내다볼까 보냐

기척도 없이 눈 오듯이
기별도 없이 그대도 올까
하염없이 기다릴까 보냐

내가 눈 온다고
눈 쓸어 눈길을 낼까 보냐

이제 그리움도 지쳐
이제 기다림도 지쳐

이제 눈 치울 기력도 없어

내가 눈 온다고
눈물인지
눈 물인지 구분 못 할까 보냐

겨울 흙을 파며

언 땅에
삽날을 대어
힘주어 들이밀어도
들어가지 않는다.

삽날이 무디어서 아니라
땅이 얼어서이다.

그대 가슴에
입맞춤하고 안아주어도
받아들이지 않는 사랑은

내 사랑이 부족해서가 아니라
그대 가슴이 바짝 얼어서이다.

비 온 봄날 오후
흙 속 깊이
내 사랑의 삽날을
푹 찔러넣고 싶다.

사랑은 홀로라도
외롭지 않아야 한다,

찬바람 속을 함께 걷기를
강요하지 마라
세찬 비바람속이라도 손잡고 함께
갈 수 있다고 말하지 마라
그런 세상의 사랑은 지났다.

찬바람 속에 가산을 정리하여
만주로 떠난
사람들을 생각한다.
산맥 어디쯤 등을 대고 누워
홀로 마지막 숨을 내쉬더라도
외면한 외로운 동지를 원망하지 마라

혼자서도 외롭지 않은 것이 사랑이다,

까치밥 1

- 까치가

날 위해
요것도 남겼다고
아름답네
멋지네 하는데

더 이상 속이지 마라

따다따다 못 따고
애쓰다 애쓰다
그냥 둔 걸
내가 다 봤는데

얻다대고

네 양심을
겨울 내내 쪼아대리라

까치밥 2

- 까치에게

악착같은 내 맘을
속이기로 했다.

알뜰하게 다 못 따고

남겨졌을까
남아있을까

솔직해지자

까치야, 사람들은 서로
속이는 삶이 더 많아졌다

까치야,
찬바람 속 까치야
겨울 내내 내 양심을 쪼아다오

농부의 사계

봄, 농부는
풀을 뽑는다

여름, 농부는
풀을 뽑는다

가을, 농부는
풀을 뽑는다

겨울, 농부는
풀이 죽었다

고립

겨울에는
사나흘 아니 대엿새
스스로 깊은 암막에 고립되어도 좋겠다.

몇 년 만에 폭설이라고
산간 마을 한동안 고립이라는
뉴스를 들으며
간혹 걱정스런 눈빛으로
창밖을 내다보고 싶다.

다시 커피를 내려 마시고,
만두를 빚어 먹을까
시래기를 삶아 국을 끓일까
고구마를 몇 개 삶아 먹을까

그렇게 대엿새
뭘 해 먹어도 좋을 듯싶다.

기어이 어둑어둑해지면
눈밭에 반사된 달빛으로도
환한 밤이 되면
그대를 살포시 뒤에서 안아줘도
어색하지 않은 밤이 되면
몇 번 야생동물 울음소리도
무섭지 않으리라.

사나흘 아니 대엿새
그대도 돌아갈 맘도 열어질 때
와인오프너를 찾아 코르크 마개를 따도 좋겠다.

눈 쌓인 산골 집
밤새 도란거리는 소리가 나도 좋을 듯싶다.

만두

새해라서 만두를 빚는 것인지
만두를 빚어서 새해가 오는 것인지
텃밭이고 지붕이고 눈이 와 녹지도 않아서 하얀데
양지쪽 헛들깻단에는 참새들이 졸망졸망 앉아서 허기를 채운다.
묵은 김치를 꺼내오고
두부도 물기를 꼭 짜 놓고
당면을 삶고 돼지고기도 잘 다져 섞으면
안 맛있을 수 없는 만두소가 된다.

만두소 다 만들면 만두 만드는 일 거진 다 한거라며,
만두피는 시장에서 한 봉지에 스무 장짜리 다섯 봉지 사 왔다.
입술에 침 바르듯 만두피 가장자리에 물 묻혀 꼭꼭 누르면
신기하게 잘 붙었다.

요 며칠 계속 추워 얼까 무서워 틀어 놓은 수도꼭지에서는

깊은 산골짜기에서나 들을 수 있는 졸졸거리는 물소리가 나고
밖을 드나들 때마다 한 아름씩 들어오는 바람에서
진한 찬 냄새가 난다.

새해라고 인사들을 하지만
산간 마을 이웃들은 오히려 조용하다.
간혹 제 밥 주는 걸 잊지 않게 하려고
고양이가 야옹거리는 저녁나절
만든 만두를 들고 평안도에서 피난 나온 백석할아버지에게 간다.

무는 집에 많은데 또 무를 사 갖고 왔다고,
무밥이 먹고 싶어 그런다고 하니
언제 한번 무밥도 해 먹자고 한다.
무밥이 뭐 맛있냐며 가난할 때 이야기,
다 가난할 때 밥맛이라며 희미하게 웃는다.

만두소에 묵은 동치미 무를 썰어 넣었더니

별걸 다 넣는다고 난 여태 만두소에
동치미 무를 넣어보지도,
넣는다는 소리도 못 들었다며
또 희미하게 웃는다.

묵은 김치를 먹어 치우는 데는 만두 만들어 먹는 것이 제일이라며 내가 만든 만두는 이쁘지 않다고 아내는 자꾸 만두를 어찌 만들어야 이쁜지 가르쳐 준다. 이쁜 만두가 더 맛있는지, 만두소에 맛 내는 걸 많이 넣어야 맛있는지 뻔한 일이지만, 갓 만든 만두로 만둣국도 끓여 맛보고 쪄서도 맛본다.

짜네, 싱겁네, 제일 먼저 간을 보지만
난 뜨거운 만두가 입속에 있어
제대로 맛도 못 보고 어, 어 거렸다.

언제부터 만두를 만들어 먹었을까
새해 차례는 만둣국으로 지내는 걸 보면
꽤나 오랫동안 지내 온 듯도 하고,

끼니도 변변치 않은 살림에
만두를 만들 형편이 안 되는 집들이
수두룩했을 것 같기도 한데,
더없이 새해 준비라고 빙 둘러앉아
만두를 빚으며 까르륵대며 수다를 떨었을
풍경이 그립기도 했다.

요새 누가 김장김치 묵어나도록 김치를 담그고,
가게 가면 입맛대로 갖가지 만두가 즐비한데
만두를 만들어 먹는다고 북새통거릴까 말하다가도,
집에서 만든 만두가 더 맛있다는 둥
사 먹는 만두가 만두냐는 둥
한마디씩 만두타령 할만하게
세상이 많이 변했다.

만두끼리 붙으면 구멍이 나
만두소가 다 기어 나오니
적당히 떨어지게 놓는 것이 좋은데,
동그랗게 보름달마냥 만두를 빚어

계란판에 놓으면 좋다.
바로 냉동고에 넣어 얼리면
몇 날 며칠 먹을 수 있어
참 좋은 세상이기도 하다.

만두 만들어 먹으려 해도
이제는 오래 앉아 있으면
허리와 오금이 펴지지 않아
가끔씩 일어섰다 앉았다를 해야 한다.

눈 내리는 시골집 밤에

어둑한 초저녁부터 내리는 눈이
한밤중까지 계속 내린다.

눈이 왜 이리 내리는지
나는 알 것 같다.

논밭 윤곽이 드물어지고
마을 모양이 흐릿해진다.

간혹 두꺼운 창문 가리개를 걷고
눈을 확인한다.

덧없는 내 생활도 어디쯤에서
깨끗하게 덮어지고 풍경이 될 듯하다.

어쩌다 숲이 가득 이고 있던 눈을
한꺼번에 내려놓는다.

나도 내 생활의 무게를 우르르 내려놓고 싶다.

동지인가 보다
눈 내리는 밤이 길다.
이 늦은 밤 눈길을 걸어가야 하는 사람
어쩌지 못하는 눈빛은 자꾸 흐릿해진다.

난 이 밤 눈길을 따라 떠날 용기가 없다.
그대도 그러하리라.

소설 즈음

옻칠한 듯 까만 밤이다

내 생활은 추위할 각오가 되어 있다.
올망졸망 여름을 장식한 몇 개의 못생긴 화분이
추위를 피해 방안에 누웠다.
먼 길 온 나그네처럼 피곤하다.

아내는 새 내복을 장만했다.
새 내복은 겉옷으로도 충분하여
집안에서 내복만 입고도 잘도 다닌다.
상표를 보니 내복이 아닌 네복이다.

넌지시 건내주는 예순 살 체온 따스함이 견딜만하다.

소설 즈음
긴 밤 깊어 가는 줄 모르고
옛날 가난했던 날들을 소설 쓰는 날이다.
고구마를 찌고 동치미 국물을 퍼 오는 밤이다.

창밖에는 비가 하염없이 질금거리고
이게 눈이면 내일 출근 못 한다.
눈 핑계로 결근을 할까.
둘이 말도 안 되는 상상에 맞장구를 치며 낄낄거리고
내복이니 네복이니
하나 마나 한 우스갯소리로 아웅다웅하는 밤이다.

같이 누워도 바람 술술 분다는
겨울 강마을 소설 즈음
사내는 덥다고 이불 차는 각시에게
자꾸 이불을 덮어주고
각시는 춥다고 이불만 끌어당기는 사내가 밉다고
얼굴에 이불 푹 덮어씌우는 밤이다.

비 오는 겨울밤 소설 즈음이다.

다 돼, 다 하고 살자

불멍 할 수 있게 해 주면 안 돼
왜 안 돼
그럼, 해 줘

당남리 캠핑장에 텐트마다
모닥불을 피우고 커피를 마시며
수다 떠는 사람들이 가득하다

퇴직하면 캠핑카 하나 사서
여기저기 좋은 데 돌아다니면 안 돼
안 되긴 왜 안 돼
그럼, 캠핑카 사자

이포보 밑 둔치에 즐비하게 들어선
캠핑카에 하나둘 불빛이 피어나고
바비큐 화덕에 지르르
고기 굽는 냄새 가득하다

캠핑장 옆에 살고
강가에 사는데
맨날 캠핑이고 맨날 힐링인데

그게 그거랑 같아
이렇게 재미가 없어서야
누가 늙어 같이 살까

저기 나무 밑에 해먹 달아 주고
저기 저 나무에는 그네 매 주면 안 돼
안 되긴 왜 안 돼
그럼 어서 매 줘

연못 하나 파 주면 안 돼
돌담 하나 만들어 주면 안 돼
왜 안 돼, 다 돼
그럼 어서 해 줘

5부

다시 봄, 눈물 떨어진다

개구리

객객객
객객객

초저녁부터
웃는 개구리

크게 웃어야 짝이 좋아한다 해서
더 크게 웃는 개구리

자정이 넘었는데도
계속 웃는다.

객객객

아직 짝을 못 찾았나 보다.

혼인 못 한 시골 총각 같다.

게으른 농부

콩도 안 심네
하루 종일 기다렸다
콩새도 날아가고

볍씨도 안 뿌리네
봄내 기다렸다
뱁새도 날아가고

일년 내내 기다려도
찾아오는 친구도 없네

귀찮은 듯 두어 번 울다
까치도 날아가고

에이, 이포 게으른 농부

농부 냄새

하루 내내
거름 일 하면
어느새 몸에서 거름 냄새 난다.

하루 내내
풀 베는 일 하면
어느새 몸에서 풀내음 난다.

하루 내내
풀꽃 뽑다 보면
어느새 몸에서 꽃향기 난다.

일이란 그렇다.
뭔 일 하느냐에 따라
나도 모르게 그 냄새 난다.
지워지지 않는 문신 같은 향기 난다.

냉이죽

여주 산북에서 이포 넘어가는
호실령 산길
동쪽 해바른 산밭
고라니 같은 여인이
쭈그려 앉아 호미질을 한다.

아직 산 응달에는 눈도 있는데
속 깊은 골짜기는 얼음도 있는데
잘디 잔 냉이를 캐고 있다.

해소* 깊은 상할머니
냉이죽이 먹고 싶다고 했나보다.

올봄도 무사히 넘겨야 할 텐데

* 기침.

달래

매년 캐 주던
달래 대신
달래 심은 흙
한 삽 퍼 담아주신
장모님

처갓집 가는 일도
자꾸 뜸해지는데
텃밭 가 달래는 해마다
쑥쑥 자라
입맛을 돋군다.

"걔가 좀 그래.
임 서방이
잘 달래가며 살어!"

동거차도 미역

동거차도에서 미역이 왔다.

내 키 만한 통 미역이다.
먹기도 부담스러운
동거차도 미역이다.

벌건 대낮 놔두고
올빼미 족속처럼 밤에만
세월호 인양작업 하는
헛물살만 헤집는

눈 헤집고 봐도
늘 빨간 유도등 한 점뿐인
바닷속에서 유영하던
동거차도 미역이다.

아이들 살려달라 하는 절규 들었을 미역귀
손가락 부러지도록 창문 틈 헤집는 걸 본 미역줄기
마침내 멈추고 만 마지막 숨을 다시 받아드린 미역잎

쉰네 번째 생일날
내 앞에 놓인
동거차도 미역국에
뚝,
눈물 떨어진다.

마늘쫑을 뽑다가

저 밑 깊숙이 가장 약한 곳에서
툭 끊어져 부드럽게 올라오는 동안
나는 최대한 힘을 살살 주어
그 가늘게 떨면서
조금씩 조금씩 내보이는
너의 속살을 바라보는 것이
정말 짜릿한 기쁨이었다

너의 중심에 자란 꽃대만 뽑고 싶었지만,
간혹 아주 드물게는
굳게 움켜쥐고 살던 흙을 내려놓고
뿌리째 뽑히는 것은
정말 내가 원하지 않는 안타까움이었다.

물과 장과 초를 일 대 일 대 일로 섞어
너를 푹 잠기게 하고 한 서너 주 숙성시키면
단짠맵신 오묘한 맛과 질감을 즐길 수 있으리라.

그러다 심연의 속마음은커녕
겉으로 들어난 매력도 제대로 못 보듯
뚝 하고 새끼 손가락만하게 끊어지는
허망함도 맛보는구나.

야, 근디 니는 마늘쫑 뽑다가 뭐한다냐.
고것도 일이라고 힘드냐.
아따, 천생 땅만 파먹고 살 놈!

누군가 내 마음을 잡고 쭉 뽑아 당겨 가면
모른 척하고 따라갈까.
오만 정 툭 끊어버릴까.
내 삶 온전히 뿌리째 놓고 달려갈까.

마늘쫑을 뽑으며
내 맘 쭉 뽑아 갈 이 있는 듯하여
하늘 한번 쓱 쳐다본다.

몸살

밤사이
비 내려

뜰 가득
봄비 내려

흠뻑 젖었다.

꽃 피는 봄이 되면
좀 웃는 날도
더러 있겠지.

기운도 좀 나겠지.

산길로 난 숲에
산수유 수줍게
노란빛 내밀었건만

늘 혼자
꽃 보고
산길 걷고
돌아와 앉는
돌의자는
지난가을
그대가
무심코 만든 것이다.

오늘은
내 베갯잇도
흠뻑 젖겠다.

봄

밭 가득
잡초다.

내 마음은 온통
잡념투성이다.

어쩌자고
바람은
자꾸 불어오나.

시골살이

지금은 한 살이라도 젊어 시골 살지만
더 나이 먹고 늙은이 되면
도시 가서 살자고
아내가 말합니다.

나는 맞장구를 칩니다.

좀 늙으면
병원도 가까워야 하고,
가게도 가까워야 하고
친구도 가까워야 하고
공연장도 가까워야 한다고
아내가 말합니다.

나는 맞장구를 칩니다.

좀 늙으면
밥 빵 탄수화물을 줄이고
닭 가슴살과

훈제 연어와
신선한 채소와 달걀 흰자만
먹어야 한다고
아내가 말합니다.

나는 맞장구를 칩니다.

좀 늙으면
어디 목 좋은 곳
상가라도 하나 사 임대료 받거나,
역세권 아니더라도 아파트 하나 사 놓고
월세라도 받으며 살아야 한다고
아내가 말합니다.

나는 맞장구를 칩니다.

마지못해 하는 맞장구인 줄 아는지
아내가 짜증을 냅니다.

말로만!

해설

다음 시가 기다려지는 이유

이상대(작가)

1.

그 집 사는 사람이 좋으면
강아지도 들어와 살고

그 집 사람이 순하면
새들도 새 친구까지 데려와서
산다는데

이십 년 된 시골 우리 집
사람은 찾아오지 않는다

들어온 강아지가 강아지를 낳아 기르고
산새 들새 모두 날아와
아침저녁으로 합창을 해대는데

뭐 그 집 사람도 어느새
강아지처럼 어슬렁어슬렁 마을 길을 걷고
이집 저집 삐죽삐죽 찾아 들어가 말참견하고
가끔씩 노래를 흥얼거린다는데

한 귀퉁이 조금씩 무너져내리는
시골집 창고에
벌써 서너 배 새끼를 치고 나가는
저 누렁 고양이

저녁은 먹은 겨?

- 〈시골집〉 전문

집 사람이 "순해야" 강아지도 고양이도 들어와 살고 새들도 찾아든단다. 하긴 제비도 아무 집에나 둥지를 짓지 않는다. 시인의 집엔 강아지가 강아지를 낳아 기르고, 산새, 들새가 떼로 모여든다니 뭇 생명을 품는 너비가 이쯤은 돼야 시인이라 할 것이다. 빼고 더할 것도 없이 농부 시인의 면모가 한 풍경 안에 다 담겼다. 게다가 말미에 "밥은 먹은 겨?" 한마디를 툭 얹어 풍경에 질감을 입히는 이 절묘한 시적 완결성이라니!

인생의 가을쯤의 노정(路程)에서 비로소 '집'으로 돌

아온 임덕연은 이처럼 한갓지고 여유롭다. 집을 떠난 적은 없으나 시의 무대가 온전히 수리실* 집과 농사에 집중돼 있으니 '집으로 돌아왔다'라는 말이 적합할 것이다. "더 나아질 것 없는 삶"에 때론 쓸쓸하기까지 하다고 몸을 낮추었지만 기실 생활로 돌아온 시인은 여유롭고 서두를 게 없다. 동네 고양이 안부도 챙기고, 곡식 자루를 둘러메고 재두루미 먹이 주러 들판에도 나간다. 입으로 들어오는 게 없다는 아내의 지청구를 들으면서도 들깨도 심고 참깨도 심는다. 겨울 땅을 파다가 문득 찬바람 속에 만주로 떠난 옛사람들을 떠올리기도 하면서.

전작 시집** 때와는 바탕 정서가 사뭇 다르다. 그때만 해도 임덕연은 꽤 뜨거웠다. "어쩌자고 자꾸 강물의 하소연이 들리며 어쩌자고 자꾸 수굿말 아저씨들 씨발거리는 소리가 들리냐"(《남한강 편지》 시인의 말)며 강가를 떠나지 못했다. 강물과 함께 역사를 거슬러 올라가기도 했고, 가난한 이들의 삶을 어루만지며 뒤척이기도 했다. 개발 자본 앞에서는 결기를 세우고 "어둑해지는 강물에 다시는 시를 쓰지 말자"며 목청을 높였다. 〈강이 되어 흐른다는 것〉은 그런 뜨거움이 시적 리듬을 만나 빚어낸 명편(名篇) 중 하나다.

---

* 시인이 살고 있는 마을.

** 《남한강 편지》(2014), 작은숲.

물이
허리를 잡고 맴돌이한다.
너울너울 거리다가 급히 휘돌아 쭉 나간다.
손에 손 잡고 강강수월래를 한다.

더러는 제풀에 넘어지기도 하고
더러는 한 잔 막걸리하러가기도 하고

달빛 찬 날 여울쯤 강은
한껏 흥이 달아오른다

동동 오리들 무동 태워 덩실덩실 걷기도 하고
짝사랑하던 모래톱에 푹 안겨보기도 하고
시름 고통도, 부끄러움도 살짝 내려놓고
가난도, 부족함도 내려놓고

강이 되어 흐른다는 것은
작은 것들이 한데 어울려
낮은 곳으로 쭉 밀고 가는 것이다.
메마른 것들을 자꾸 가슴으로 안아주는 일이다.

마침내
저 더러움을 용서하는 것이다.

- 〈강이 되어 흐른다는 것〉 전문

이 시는 내게도 각별한 기억으로 남아 있다. 당시 나는 50대 중반 평교사로 극심한 피로감에 시달리고 있었다. 50대가 어떤 나이인가. 경험도 풍부하고 균형감, 안목에서도 최고치이며, 어떤 일이든 능란한 때 아닌가. 그런데 나는 능란은커녕 울화로 속을 끓이며 허둥대기 일쑤였다. 준비가 소홀한 것도 아닌데 수업은 자주 가라앉았고, 아이들과 연대감도 버석거렸다. 중견 교사로 후배를 감당하는 일도 툭하면 어긋났다. 마음이 좋은 날이 드물었다. 특히 괴로웠던 것은 사람을 미워하는 일이 잦다는 것이었다. 그런 시절에 이 시를 마주쳤다.

아마 이 시가 5연에서 끝났으면 크게 감흥이 일지는 않았을 것이다. '강물로 흐른다는 것(산다는 것)은 제풀에 넘어지고 다사다난을 겪지만 그럴수록 메마른 것들을 더욱 가슴으로 안아야 한다'라는 시상 전개는 충분히 익숙했다. 그런데 이 시는 '용서'라는 말로 한 발 더 나간 것이다. 예상하지 못한 곳에서 '용서'라는 단어를 만나자 마음이 훅 더워졌다. 뭔가를 살려보자고 교육운동에 나서 놓고는 성에 차지 않는다고 그 어리고 순한 것들을 몰아세우고 미워하다니. 누가 누구를 용서해야 하는가. '더러움'의 대상은 '너'가 아니라 '나'로 읽어야 마땅했다. "마침내 제 더러움을 용서하는 것" — 그제야 마음의 바닥이 조금씩 만져지기 시작했다. 나는 '용서'라는 낱말을 손가락으로 쓸어 보다가, 시집을 덮고 시인의 얼굴을 어루만지듯 오랫동안 시집 표지를 손바닥으로 쓰다듬었다. 마음의 불을 끈 한참 뒤에야 시인에게도 생각이 미쳤다. 고라니처럼 순하게 웃고 다니지만, 임덕연도 주변을 용서하기 힘든, 또한 그런 자신이 미워지는 나날이 많았을 것이다. 이렇게 시를 쓰고 다짐하며 견디는 숱한 밤이 있었을 것이다. 그 생각을 하자 평소 알고 지냈던 임덕연의 마음이 한 뼘은 더 두텁게 느껴졌다.

2.

이랬던 시인은 어떻게 '일상'으로 돌아온 걸까. 전작 시집과 간격이 13년이라고는 하지만 사실 임덕연의 주변은 크게 달라진 것이 없다. 수리실 집에 아직도 살고 있으며, 여전히 교사 생활을 이어 가고 있다. (중간에 공모 교장을 역임하고 다시 평교사로 돌아왔다.) 텃밭 이백 평과 논 네 마지기를 손수 일구고, 지역 생명운동 단체나 여주작가회(지회장) 일에도 꾸준히 참여한다. 달라진 것이 있다면 10년 넘는 세월을 겪어 냈다는 것! 이 지점에서 '시인의 시간'을 참고하는 것도 도움이 되겠다.

우리의 시는 그랬다. 눈사람의 차가운 심장에 가닿고픈

소망과 눈보라의 몸으로 부서지고픈 열망이 밤의 왕국을 세우고 또 무너뜨린다. 그러나 그 흥망성쇠의 어둠이 걷히면 어김없이 쨍한 슬픔 속에 덩그러니 남겨진 생활을 만난다. 어떤 위안이 있어 희망을 말하기는 쉽다. 어떤 대결도 없이 절망에 가닿기는 쉽다. 그러나 알게 된다. 위안도 대결도 모두 지나간 자리에 남는 것은 희망과 절망의 자리 아래 말갛게 고이는 생활이라는 것을.*

임덕연이라고 달랐을까. 그도 교사로, 교육운동가로, 시민활동가로 흥성(興盛)의 능선을 넘어, 이제 "말갛게 고인 생활"을 마주하게 되었을 것이다. 콩을 심고, 멧돼지가 다 파먹을지언정 고구마를 심고, 별이 뜨는 밤이면 촛불을 켜기도 하고, 새로울 것 없는 마을 길을 거닐기도 하고, 만두를 만들다가 피난 나온 백석을 생각하는 그런 일상들. 짐작건대 임덕연은 문득 이것이 자신의 생애사에서 기꺼이 감당해야 할 일이며 동시에 새로운 시 세계가 열리고 있음을 알게 되었을 것이다. 그리고 그것을 시심(詩心)으로 덥석 안았으리라. 덕분에 우리는 이 시집을 통해 사계로 가름한 시인의 울타리 안을 자세히 들여다볼 수 있는 행운을 누리게 되었다. 때론 싱거운 동치미처럼 슴슴하기도 하고, 시위를 당기다 만 듯한 시편도 없지 않지만, 무

---

* 김용택(2021), 《나비가 숨은 어린나무》, 문학과지성사.

엇보다 20년 넘는 농사 구력으로 깨우친 삶의 통찰이 도처에 묵직하게 얹혀 있다.

감자는 늦게 심으면
감자알이 부실하고

메밀을 서두르면 대만 길쭉하고
알갱이가 시원찮다.

산마늘 모종은 장마 때 심어야 하고
파는 장마 때 녹아내린다.

사는 것도 농사 같다.

떠날 사람 너무 일찍 떠나보내지 말고
머무를 사랑 진득하니 기다리며
노을이 다 지도록 바라볼 줄 알아야 한다.

사랑도 다 때가 있다.
애쓰지 마라

-〈때〉 부분

'농사는 다 때가 있다'라는 말은 농사를 오래 지은 사람이나 할 수 있는 말이다. 첨단 농법 쪽에서야 철

지난 소리로 여기겠지만, 농사야말로 자연을 거스르지 않아야 한다는 것이 농사꾼 임덕연의 소신이다. 그럴 때야 비로소 "사는 것도 농사같"아서 '이르게 움직일 때는 서둘러야 하고 때로는 진득하니 늦춰야 할 때도 있다'는 깨달음에 이를 수 있기 때문이다. "사랑도 다 때가 있다 애쓰지 마라"라는 시구가 우리 뒤통수에 다정하게 와닿는 것도 그런 통찰 덕분이다.

참으로 특이한 삶이다.
봄에 새순을 내어 살다가 스러지고
흔적도 없이 사라졌다가
몇 달 지나서 지나서
꽃대를 길죽하게 올려
꽃 피워내는

한 몸이라도 꽃과 잎이
서로 못 보고 사는
기막힌 삶은 어찌하겠다는 걸까

뿌리를 파 보니
자식같은 구근이 올망졸망하다
어둔 땅속에서 깊게 깊게
사랑은 하고 있었나 보다

- 〈상사화〉 부분

이 시는 문득 마지막 연을 지우고 대신 괄호를 치고 싶은 충동을 느낀다. 그런 다음 아무나 붙잡고 물어보고 싶다. 당신이라면 이 안에 어떤 말을 넣어 시를 완결짓고 싶은가? "한 몸이라도 꽃과 잎이 서로 못 보고 사는" 상사화의 독특한 생리는 지금도 많은 시인의 단골 소재로 차용되고 있다. 그러나 엇갈리는 운명, 이루지 못한 사랑을 연민하는 상투성을 넘어선 시편을 찾기 어렵다. 임덕연은 근원을 주목한다. 어찌 만나고 바라보는 것만이 사랑이겠는가. 임덕연의 시선은 잎과 꽃이 키워 낸 뿌리에 가닿는다. 그리고는 나직이 중얼거리는 것이다. 누군가 알아봐 주지 않는 곳에서도 사랑은 저렇게 울끈불끈 자라는 것이라고. 얼마나 놀라운 발견인가. 시인이야말로 어둠 저편을 더듬어 우리가 무심코 지나치는 생의 한 단면을 다시 사색하게 만드는 사람임이 틀림없다.

3.

〈사랑은〉도 울림이 있는 작품 중 하나다. '사랑'이야말로 모든 예술이 추구하는 지상 명제이다. 문학의 기본 테마도 사랑이다. 그러나 흔하고 넘쳐 날수록 작가는 자기만의 메시지와 전달 방식을 발명하기 위해 고심하지 않을 수 없다. 임덕연은 어떨까.

꽃다지와 냉이꽃을 구별할 줄 몰라도
억새와 갈대를 구분할 줄 몰라도

여뀌와 고마리를
별꽃과 봄맞이를
생강나무와 산수유를
척 보고 분간 못 해도

박새와 뱁새와 참새가
다 고만고만한 새로만 보여도
왜가리와 백로와 해오라기가
그저 그런 새들로만 보여도

청둥오리와 흰뺨검둥오리 무리 속에 원앙을 보고
"재는 왜 더 이뻐"라고 말해도

미나리아재비 보고 마타리라 하고
마타리 보고 미나리아재비라 해도
부끄러워하지 말자

사랑은
바라만 봐도 좋은 거다
이름은 몰라도
가만히 얼굴 가까이 대고
은은한 그 향기만 맡아줘도 좋은 거다

그대가
세상 어느 곳에 곱게 살고 있다면 좋은 거다.

- 〈사랑은〉 전문

'바라보는 것, 가까이 있어 주는 것' — 사랑론이 넘쳐 나는 세상에 사실 새로운 이야기는 아니다. 그럼에도 이 시에서 처음 본 듯 유달리 인상적으로 와닿는다. 시인은 무슨 마술을 부린 걸까. 비결은 기승전결이라는 고전적 이야기 방식을 맵시 있게 활용한 것에 있다. 시인은 제목을 '사랑은'이라 붙여 놓고 앞부분(기승 부분)에 온갖 동식물 분간 문제를 들고나온다. 독자들은 짐짓 당황한다. 여뀌와 고마리를 어찌 구분할 것이며, 박새와 뱁새를 어떻게 "척 보고" 분간하겠는가. 중간쯤에 이르러 시인은 다소 긴장한 채 따라가던 독자의 시선을 휙 돌려세운다. 분간 따위는 크게 중요한 문제가 아니라는 것이다. (전개상 전(轉)쯤에 해당되겠다.) 그럼 뭐가 중요한 거지? 자문하는 순간 독자의 머릿속에 잠깐 빈 공간이 생기게 돼 있다. 바로 그때 시인은 메시지를 쏘아 올린다. 사랑은 곁에 있어 주는 거라고. 사랑은 인식이 아니라 태도의 문제라고.(결1) 비었던 공간에 들어온 문장이니만큼 아주

선명하게 각인된다. 본디 시적인 것은 순간적으로 발현되는 법이다. 이쯤에 시인은 폭죽을 한 발 더 쏘아 올린다.(결2) 사랑은 어딘가에 존재하는 것만으로, 그래서 그리워할 대상으로만 남아 있어도 고맙고 감사한 일이라고. 그것이 종종 우리를 살아가게 하는 힘이 된다고. — 얼마나 따스하게 번지는가. 독자는 자신을 둘러싼 사랑의 풍경까지 되짚어 보며 한껏 깊어지고 아련해진다. 시인의 진술이 유달리 선명하게 느껴지는 것도 그 때문일 터다. 멋진 전략 아닌가.

4.

임덕연 시의 미덕은 무엇보다 독자를 괴롭히지 않는다는 것이다. 최근에 범람하는 꾸미고, 비틀고, 종잡을 수 없게 추상적으로 비약하는 시 앞에서는 우리는 얼마나 속수무책인가. 그러나 임덕연의 시는 수사의 군살을 최대한 빼고 일상어를 그대로 가져다 쓴다. 쉽고 편하고 친숙하다. 시인이 전하는 메시지에 집중할 수 있는 것도 진입 문턱이 낮은 덕분이다.

여주 산북에서 이포 넘어가는
호실령 산길
동쪽 해바른 산밭
고라니 같은 여인이

쭈그려 앉아 호미질을 한다.

아직 산 응달에는 눈도 있는데
속 깊은 골짜기는 얼음도 있는데
자디잔 냉이를 캐고 있다.

해소 깊은 상할머니
냉이죽이 먹고 싶다고 했나보다.

올봄도 무사히 넘겨야 할 텐데

- 〈냉이죽〉 전문

가난한 산골쯤에 상할머니가 산다. 기침(해소)이 깊어 기력을 잃은 채 겨울을 난다. 며느리일까 딸일까, 냉이죽이라도 끓여 드릴까 싶어 눈도 채 녹지 않은 초봄 산비탈에서 냉이를 캔다. 앞뒤 사정을 아는 화자도 조심스럽게 할머니 안부를 살핀다. 꾸미고 비틀지 않아서 오히려 인정(人情)의 연대가 수묵처럼 번진다. 고수의 말은 쉽다. 간디도 그랬다. 단순한 것이 진보라고.

편하고 쉬운 임덕연의 목소리에서는 짐짓 동심이 느껴지기도 한다. 왜 아니랴. 40년 가까이 초등학생을 가르쳤으니 어린이들이 세상을 바라보는 방식이 자연스럽게 스며들었을 것이다. 몇 편의 동화를 쓰기도 했던 임덕연에게 동시는 안 쓰냐고 물어본 적이 있다. 관심은 있지만 아이들의 목소리를 흉내 내서 어른의 생각을 쓴다는 부담이 커서 선뜻 손이 나가지 않는다고 했다. 그러나 이번 시집을 읽어 보니 이미 아이들의 시선을 내면화했음을 알겠다. 우수 절기를 읊으면서 "곧 초등학교 입학할 아이들은 / 혀로 몇 번 / 흔들거리는 앞니를 밀어봤을 것이다." 같은 삽화(揷話)로도 인용돼 있고, 집 짓는 까치에게 "나도 여주 이포에 / 작은 농가 짓고 산다"라며 "마실 한번 와라"는 손길로도 들어와 있다. 몇몇 시편은 동시로 읽어도 무방하겠다 싶다. 어른의 마음과 아이의 정직함이 맞닿은 〈까치밥 1〉 같은 시에서는 뾰족한 발랄함이 약동한다.

날 위해
요것도 남겼다고
아름답네
멋지네 하는데

더 이상 속이지 마라

따다따다 못 따고
애쓰다 애쓰다
그냥 둔 걸
내가 다 봤는데

얻다대고

네 양심을
겨울 내내 쪼아대리라

- 〈까치밥 1〉 전문

아주 사소하지만, 시 〈개구리〉에서 개구리 소리를 "객객객 객객객"으로 포착한 것도 어린 시인의 귀가 아니면 잡아내기 어려운 표현이다. 관련해서 재미있는 이야기를 들은 적이 있다. 시골 초등학교에 근무하는 교사가 여름철에 아이들을 데리고 시를 썼던 모양이다. 그런데 아이들이 한결같이 매미가 맴맴 우는 어쩌고 그렇게 쓰더라는 것이다. 지금 창밖에 온갖 매미가 저마다 다른 소리로 울고 있는데. 교사는 쓰기를 중단하고, 매미 소리를 제대로 듣고 오라며 아이들을 다 밖으로 내쫓았다. 한참 후 아이들을 불러들여 자기가 들은 매미 소리를 발표하는데, 과연 맴맴 우는 매미는 없었다. 단연코 "쓰름" 하고 우는 매미가 많으니까. 그런데 맨 뒤에 앉은 (공부를 좀 못하는) 백씨 성을 가진 친구가 자꾸 주저주저하더란다. 그래서 간신히 꼬드겨 앞에 세웠는데, 운동장가에서 자기가 들은 매미는 이렇게 울더라는 것이다. "씨이발놈아 씨이발놈아." 그래서 그때부터 그 학교엔 씨발놈아 매미가 살게 되었다는 이야기.

5.

그럼에도 시집 전편에는 쓸쓸함의 정서가 짙다. 물론 이 쓸쓸함이 난데없이 솟구친 것은 아니다. 전작 시집에서도 열정의 크기만큼 쓸쓸함과 외로움이 늘 따라다녔다. 이번 시집에서는 구체적인 일상, 이를테면 마늘쫑을 뽑다가, 생강나무 꽃을 보다가, 비 오는 날 빵을 먹다가 수시로 쓸쓸함, 그리움과 맞닥뜨린다. 그리움은 쓸쓸함의 다른 말이다. 쓸쓸하니 그립고, 그리운데 못 가니 더더욱 외롭다. "나도 한때는 무리 속에 있었다"는 고백에 이어 시인은 자신의 근황을 이렇게 묘사한 바 있다.

홀로 뛰어다니다
잠시 걷는 습성으로도
삶은 야윌대로 야위었다.

저장할 줄 모르는 습성으로
생활은 가난할대로 가난하다.

화려한 뿔이 없어
살아남았으리라

고운 털이 아니라서
덫을 피했으리라
새하얀 상아가 없어
뾰족한 화살을 피했으리라.

고라니,
나도 너 같아서
여주 이포 거지허탕골에서
쓸쓸한 생활을 자꾸 뒤돌아보며 살고 있다.

더 나아질 것 없는 삶에
게으른 습성만 덕지덕지 붙이고
그래도 순한 초식성으로 살아가고 있다.
고라니 같이,

- 〈고라니〉 전문

특별한 삶이 아니라서 모진 화살은 피했으나, 뭘 챙길 줄도 몰라 생활은 생활대로 궁핍하고, 더 나아질 것 없는 삶을 바라보는 고라니는 얼마나 팍팍하고 쓸쓸할까. 고라니는 임덕연의 직유일까. 온전히 등치(等値)는 아니겠으나 상당 부분 임덕연의 마음도 그러할 것이다. 나이 든다는 것은 쓸쓸함과 함께 가는 길이다. 어쩌면 한때 병원 신세를 졌던 때의 고난이 쓸쓸함의 부피를 키웠을 수도 있겠다.

> 동굴을 빠져나왔는데 또 동굴 속으로 들어가는 듯,
> 자꾸 누군가가 잠 속으로 나를 차 넣는다.
> 잠자기 전 풍경은
> 어슴푸레졌거나 어두워졌거나 없어졌다.
>
> 오랫동안 찾던 열쇠를 찾았는데 찾고 나니
> 그 열쇠로 어느 자물통을 열 것인지 잊었다.
> 세상이 좀 무뎌지거나 물러지거나 무난해진 듯한데
> 혹은 세상은 그대로인데
> 내가 무뎌지거나 물러지거나 무난해진 것은 아닌지
> 의문이 든다.
>
> - 〈회복기〉 부분

그러나 임덕연은 쓸쓸함을 피하기보다 정면으로 마주하는 태도를 취한다. 한때 마흔이 되면 뭐가 좀 달라질까 솔깃했으나 마흔도 여전히 "가파른 비탈길이고 외로운 저녁길"(〈마흔, 길〉*)이었다면서, "살다보면 / 또 뜨거운 사랑이 기다리고 있을까"(〈마흔, 길 찾기〉**)라는 말로 또 다른 기대감을 내보인 적이 있다. 그러나 겪어보니 이순(耳順)은 개뿔! 여전히 생은 고달프고, 길은 안

---

*, ** 김천영·임덕연(2007), 《산책》, 삶이보이는창.

갯속처럼 막막한 것이다. 그런즉 생의 고달픔과 쓸쓸함을 온전히 내것으로 안고 더 깊게 걸어갈 수밖에 없는 것이다.

잔디밭 한쪽에 연못이 하나 있으면 제격이지
연못에는 연꽃이 있어야 제멋이지
맑은 물 받아 놓고
연꽃을 보면서
이순 환갑을 견뎌보자

외로운 나이 예순

외로울 시간도 없는 쓸쓸한 나이
그동안 안 보이던 그대도 이제 보인다.
하늘의 뜻도 들린다는 지천명은 뭐
고집이 줄고 귀가 순해지는
이순은 개뿔

더 외로워지라고
더 쓸쓸해지라고

연못 하나를 팠다.

-〈연못〉 전문

나이 예순에 임덕연은 연못을 판다. 이 시에서 단연 주목할 공간이 '연못'이다. 더 외로워지라고, 더 쓸쓸해지라고 팠다는 연못. 연못은 실제 연못일 수도 있겠으나 은유로서의 연못일 수도 있다. 임덕연은 이제 곧 40년 가까이 몸담았던 교직에서 퇴직한다. 이제 오롯이 자신을 마주하게 될 것이다. 먼 길을 걸어온 생애가 향후 삶을 바라보는 일이 설레고 즐겁기만 할까. 아마도 그보다 더 큰 외로움과 쓸쓸함을 마주할 터이고, 그것과 맞서는 비유적 공간이 '연못'이리라.

6.

임덕연의 다음 시가 기다려지는 이유도 바로 이 때문이다. 그의 '연못'에선 어떤 시 꽃이 필까. 그는 시 〈수선화〉에서 "나도 안간힘 쓰며 피워 올릴 / 꽃 같은 희망이 있을 것 같아 / 물끄러미 수선화를 바라보다 / 나도 이쯤 살았다면 뭔가 펼쳐 보이고 싶었다."라며 의지의 일단을 보였다. 어쩌면 펄럭이는 성취를 낳을 수도 있고 패배할 수도 있을 것이다. 나가면 나가는 대로, 주저앉으면 주저앉는 대로 그것이 시편으로 곰삭아 연못가를 흥건하게 채우기를 기대해 본다. 가닿을 수 없는 것, 까맣게 잊힌 것, 흘러가서 돌이킬 수 없는 것에 대한 묵상은 어떤 꽃으로 필지 그 또한 궁금하다.

임덕연은 종종 '이 사나운 세상에 서정시가 이토록 술술 써지는 것은 슬픈 일'이라고 자조했지만, 우리가 우리를 구원해야 하는 지금이야말로 서정시가 절실한 때 아니겠는가. 조재도 시인은 시를 쓰는 것은 "따뜻한 피가 돌았으면 하는 바람"(《좋은 날에 우는 사람》 시인의 말)이라고 했는데 그건 읽는 마음도 마찬가지다. 시에 대한 안목도 짧으면서 이토록 긴 독후감을 쓰는 것도 사실은 시인에게 이런 마음을 전하기 위해서이다. 그는 전작 시집에서 이런 비밀을 털어놓은 바 있다.

제자리만 맴돌면서
한평생 살아온 맷돌같은 내 인생
바보같이 살면서도 행복해하는 건
내 몸 중심에 화살촉 같은 당신이
뾰족하게 돋아있다는 걸
다른 사람들은 모르지요.

- 〈맷돌〉(《남한강편지》) 부분

다른 사람은 모르는 "화살촉 같은 당신"을 품고, 삶의 근원과 맞서 가면서 빚어낼 비밀스런 시편들이 자못 기대가 된다. 먼저 늙어 가고 있는 나 같은 사람에게도 귀한 상상력의 봇물이 되지 않겠는가. 임덕연의 묵묵한 삶을 응원한다.

교육공동체 벗

교육공동체 벗은 협동조합을 모델로 하는 작은 지식공동체입니다.
협동조합은 공통의 목적을 가진 사람들이 모여서 만든
권력과 자본으로부터 독립된 경제조직입니다.
교육공동체 벗의 모든 사업은 조합원들이 내는 출자금과
조합비로 운영됩니다. 수익을 목적으로 하지 않기에
이윤을 좇기보다 조합원들의 삶과 성장에 필요한 일들과
교육운동에 보탬이 될 수 있는 사업들을 먼저 생각합니다.
정론직필의 교육전문지, 시류에 휩쓸리지 않는 정직한 책들,
함께 배우고 나누며 성장하는 배움 공간 등 우리 교육 현실에
필요한 것들을 우리 힘으로 만들고 함께 나누고 있습니다.

조합원 참여 안내

출자금(1구좌 일반: 2만 원, 터잡기: 50만 원)을 낸 후 조합비(월 1만 5천 원 이상)를 약정해 주시면 됩니다. 조합원으로 참여하시면 교육공동체 벗에서 내는 격월간 교육전문지 《오늘의 교육》과 조합통신을 받아 보실 수 있습니다. 출자금은 종잣돈으로 가입할 때 한 번만 내시면 됩니다. 조합을 탈퇴하거나 조합 해산 시 정관에 따라 반환합니다. 터잡기 조합원은 벗의 터전을 함께 다지는 데 의미와 보람을 두며 권리와 의무에서 일반 조합원과 차이는 없습니다. 아래 홈페이지에서 조합 가입 신청을 하실 수 있습니다.

홈페이지 communebut.com
이메일 communebut@hanmail.net
전화 02-332-0712
팩스 0505-115-0712

교육공동체 벗을 만드는 사람들

후쿠시마 미노리, 황지영, 황정일, 황정원, 황이경, 황윤호성, 황영수, 황선호, 황봉희, 황규선, 황고운, 홍정인, 홍승희, 홍순성, 홍성근, 홍성구, 홍서연, 현복실, 허창수, 허윤영, 허영주, 허성실, 허성균, 허보영, 허광영, 함점순, 함영기, 한학범, 한채민, 한진, 한지혜, 한은옥, 한송희, 한성찬, 한석주, 한민호a, 한민호b, 한민혁, 한만중, 한낱, 한길수, 한경희, 하주현, 하정호, 하정필, 하인호, 하승우, 하승수, 하순배, 편경희, 탁동철, 최희성, 최현미, 최한나, 최진규, 최주연, 최정윤, 최정아, 최은희, 최은정, 최은숙, 최은경, 최윤미, 최유리, 최원혜, 최우성, 최영식, 최연희, 최연정, 최승훈, 최승복, 최선자, 최선경, 최봉선, 최보람, 최병우 최미영, 최류미, 최대현, 최광용, 최경미, 최경련, 채효정, 채종민, 채윤, 채민정, 차종숙, 차용훈, 진현, 진주형, 진웅용, 진영준, 조냥, 지정순, 지수연, 주예진, 주순영, 조희정, 조혜원, 조현민, 조향미, 조해수, 조진희, 조지연, 조정희, 조윤성, 조원희, 조원배, 조을진, 조영현, 조영실, 조영선, 조여은, 조여경, 조성희, 조성실, 조성배, 조성대, 조석현, 조석영, 조남규, 조금종, 조경애, 조경아, 조계삼, 조경미, 제남모, 정희영, 정홍윤, 정현숙, 정혜레나, 정한경, 정춘수, 정진영a, 정진영b, 정진규, 정주리, 정종헌, 정종민, 정재학, 정이든, 정은희, 정은주, 정은균, 정유진, 정유숙, 정유섭, 정원탁, 정원석, 정용주, 정예현, 정예슬, 정애순, 정소정, 정보라, 정민석, 정미숙a, 정미숙b, 정명옥, 정명영, 정득년, 정대수, 정남주, 정광호, 정광필, 정광일, 정관모, 정경원, 전혜원, 전지훈, 전정희, 전유디, 전세란, 전보애 전민기, 전미영, 전명훈, 전난희, 장주연, 장인하, 장은정, 장윤영, 장원영, 장시준, 장상욱, 장병훈, 장병학, 장병순, 장근영, 장군, 장경훈, 임혜정, 임향신, 임한철, 임하진, 임하영, 임지영, 임중혁, 임종길, 임정은, 임전수, 임수진, 임수노아, 임성빈, 임선영, 임상조, 임동헌, 임덕연, 임경환, 이희옥, 이희연, 이효진, 이호진, 이혜정, 이혜영, 이혜린, 이현, 이혁규, 이향숙, 이한진, 이하영, 이태영, 이태경, 이치형, 이충근, 이진희, 이진혜, 이진주, 이진욱, 이지혜, 이지향, 이지완, 이지영, 이지연, 이중석, 이주희, 이주영, 이종은, 이정희a, 이정희b, 이정희c, 이재익, 이재은, 이재영, 이인사, 이은희a, 이은희b, 이은향, 이은진, 이은주, 이은정, 이은영, 이은숙, 이은딘, 이윤엽, 이윤승, 이윤선, 이윤석, 이윤미, 이윤경, 이유진a, 이유진b, 이월녀, 이원님, 이용환, 이용태,이용석, 이용기, 이영화, 이영주, 이영아, 이연진, 이연주, 이연숙, 이연수, 이승태, 이승아, 이슬기, 이수현, 이수정a, 이수정b, 이수연, 이수미, 이성희, 이성호, 이성채, 이성숙, 이성수, 이선표, 이선영a, 이선영b, 이선애a, 이선애b, 이선미, 이상훈, 이상화, 이상직, 이상원, 이상미, 이상대, 이상규, 이병준, 이병곤, 이범희, 이민정, 이민아, 이민숙, 이미옥, 이미숙, 이미라, 이문영, 이명훈, 이명형, 이동철, 이동준, 이동범, 이다연, 이남숙, 이난영, 이나경, 이기자, 이기규, 이근철, 이근영, 이규빈, 이광연, 이계삼, 이경화, 이경은a, 이경은b, 이경욱, 이경림, 이준희, 윤희연, 윤홍은, 윤지형, 윤종원, 윤예슬, 윤영훈, 윤영백, 윤수진, 윤상혁, 윤병일, 윤규식, 유효성, 유재을, 유은선, 유영길, 유병준, 위양자, 원지영, 원윤희, 원성제, 우창숙, 우지영, 우완, 우수경, 오중근, 오정오, 오재홍, 오은정, 오은경, 오유진, 오세희, 오명환, 오동석, 염정신, 여희영, 여태전, 엄창호, 엄재홍, 엄기호, 엄기옥, 양현애, 양해준, 양지선, 양은주, 양은숙 양유경, 양애정, 양선아, 양서영, 양상진, 양근라, 안효빈, 안찬원, 안지윤, 안준철, 안정선, 안옥수, 안영신, 안영빈, 안순억, 안미령 심주호, 심은보, 심우향, 심승희, 심수환, 심동우, 심나온, 심경일, 신충일, 신창호, 신창복, 신중휘, 신중식, 신은정, 신유준, 신소혜, 신성연, 신선웅, 신미정, 신미옥, 송호영, 송혜원, 송혜란, 송한별, 송인혜, 송용석, 송아미, 송승훈a, 송승훈b, 송수연, 송송이, 송명숙, 송경화, 손현아, 손진근, 손지훈, 손은경, 손성연, 손민정, 손미승, 소수영, 성현석, 성열관, 성보란, 설원민, 선미라, 석옥자, 석미화, 석경순, 서지연, 서정오, 서인선, 서은지, 서예원, 서명숙, 서금숙, 서강선, 상형규, 변현숙, 변나은, 백호영, 백현희, 백승범, 배희철, 배주영, 배정현, 배이상헌, 배영진, 배아영, 배성연, 배경내, 방득일, 방경내, 박희진, 박희영, 박효정, 박환조, 박혜숙, 박혜령, 박형진, 박현희, 박현숙, 박춘애, 박철호, 박진희, 박진환, 박진수, 박진교, 박지희, 박지홍, 박지원, 박중구, 박정희, 박정호, 박정미, 박재선, 박지란, 박은하, 박은아, 박은경, 박옥주, 박옥균, 박영실, 박영란, 박연지, 박신자, 박수진, 박수경, 박세일, 박성규, 박선영, 박상현, 박복희, 박복선, 박보애, 박미희, 박미옥, 박명진, 박명숙, 박동혁, 박도정, 박대성, 박노해, 박내현, 박나실, 박기웅, 박고형준, 박경화, 박경은, 박경이, 박건형, 박건진, 박건오, 민병성, 문호진, 문용석, 문영주, 문연심, 문수현, 문수영, 문수경, 문명숙, 문경희, 모은정, 맹수용, 마승희, 류창모, 류정희, 류재향, 류우종, 류명숙, 류대현, 류기정, 류경원, 도정철, 데와 타카유키, 노현나, 노영현, 노경미, 남효숙, 남정민, 남은정, 남윤희, 남원호, 남예린, 남미자, 남궁역, 나여훈, 나규환, 김희옥, 김홍규, 김훈태, 김효미, 김홍주, 김홍규, 김홍겸, 김혜영, 김혜림, 김현진, 김현주a, 김현주b, 김현정, 김현영, 김현실, 김헌택, 김헌용, 김해경, 김필임, 김태훈, 김태원, 김찬영, 김찬, 김진희, 김진주, 김진숙, 김진, 김지훈, 김지혜, 김지원, 김지운, 김지연a, 김지연b, 김지미, 김지광, 김중디, 김준연, 김주영, 김종현, 김종진, 김종원, 김종욱, 김종성, 김종선, 김정훈, 김정삼, 김재황, 김재현, 김재일, 김재민, 김임곤, 김이은, 김은파, 김은아, 김은식, 김은숙, 김은수, 김윤주, 김윤자, 김윤우, 김원예, 김원석, 김우영, 김용휘, 김용양, 김요한, 김영희, 김영진, 김영주, 김영자, 김영삼, 김영미, 김영모, 김연정a, 김연정b, 김연미, 김아현, 김순천, 김수현, 김수진a, 김수진b, 김수정, 김수연, 김수경, 김소희, 김소혜, 김소영, 김세호, 김세원, 김성탁, 김성숙, 김성보, 김선희, 김선철, 김선우, 김선미, 김선구, 김석규, 김서화, 김서영, 김상희, 김상준, 김상규, 김봉석, 김보현, 김보경, 김병희, 김병훈, 김병기, 김범주, 김민희, 김민섭, 김민선, 김민곤, 김민결, 김미향, 김미진, 김미선, 김문옥, 김명희, 김명섭, 김동현, 김동일, 김동원, 김동식, 김도석, 김다희a, 김다희b, 김다영, 김남철, 김나혜, 김기훈, 김기언, 김규태, 김규빛, 김광백, 김광민, 김고종호, 김계림, 김경일, 김가연, 길지현, 기세라, 금현진, 금현옥, 금명순, 권혜영, 권혁천, 권혁이, 권혁기, 권태균, 권자영, 권유나, 권서희, 권미지, 국찬석, 구자숙, 구원회, 구완회, 구수연, 구본희, 구미숙, 광홈, 곽혜영, 곽현주, 곽진경, 곽노현, 곽노근, 공현, 공진하, 공영아, 고춘식, 고진선, 고은경, 고윤정, 고영주, 고영실, 고병헌, 고병연, 고민경, 고미아, 강화정, 강혜린, 강현주, 강현정, 강한아, 강태식, 강준희, 강인성, 강이진, 강은영, 강윤진, 강유미, 강영일, 강영구, 강순원, 강수돌, 강성규, 강석도, 강서형, 강경모

※ 2025년 12월 17일 기준 764명

*이 책의 본문은 재생 용지를 사용해서 만들었습니다.